AF509926

PETITE
GRAMMAIRE MUSICALE

PAR

Occide JEANTY, Père et Fils

Directeur

ET PROFESSEUR A L'ÉCOLE CENTRALE DE MUSIQUE DE HAÏTI

PARIS

LIBRAIRIE ÉVANGÉLIQUE

4, rue Roquépine, 4

1882

APPROBATION

A MM. Occide JEANTY, Père et Fils
à Haïti.

Paris, le 10 août 1881.

Messieurs,

Nous avons parcouru avec intérêt votre ouvrage sur les principes de la musique, qui nous paraît appelé à rendre de grands services à l'enseignement.

Ce qui nous intéresse surtout, au plus haut degré, c'est la noble tâche que vous avez entreprise de populariser l'art musical dans une contrée où, sans vous, peut-être, il n'eût pas été connu.

Vous avez droit, Messieurs, aux remerciements de tous les musiciens. Aussi sommes-nous heureux de vous donner ce témoignage de notre estime et de notre approbation.

<table>
<tr>
<td align="center">Eugène ANTHIOME,
Professeur
au Conservatoire national de musique de Paris
Grand prix de l'Institut.</td>
<td align="center">Antonin MARMONTEL,
Professeur
au Conservatoire national de musique de Paris
Lauréat de l'Institut. — Officier d'Académie.</td>
</tr>
</table>

PRÉFACE

L'enseignement de la musique est un travail dont l'opportunité est incontestable. Quoique la pratique de la musique se soit vulgarisée, il faut cependant à cette pratique la connaissance des principes sur lesquels elle repose.

On a vu bien des gens consacrer de longues années à une étude non approfondie de la science musicale, et se borner simplement à la connaissance usuelle des signes de la notation.

Cette insouciance des principes et des saines traditions est funeste aux intérêts de l'art, car elle laisse le champ libre au charlatanisme et à toutes les cupides exploitations. Ajoutons que si elle nuit à l'art, elle n'est pas moins préjudiciable à l'individu. C'est quand l'élève veut s'initier dans la science de l'harmonie et de la composition, que cette lacune laissée dans les études devient pour lui un malheur presque irréparable.

L'éducation musicale ainsi manquée, doit être reprise en sous-œuvre. Le professeur est obligé d'avoir recours à des procédés empiriques, au lieu de s'adresser à l'intelligence. L'élève pourra acquérir certaines connaissances du métier et jamais il ne pourra le savoir.

Frappés de ces considérations, nous offrons notre **Petite Grammaire musicale**, qui n'est pas dans notre prétention une œuvre d'imagination, car nous ne pensons pas avoir inventé les principes de la musique. Notre tâche est, en profitant des travaux de nos devanciers, d'essayer de faire un ouvrage pratique, une véritable méthode à la portée de tous. Le plus souvent l'étude de la musique est commencée dès l'enfance; or, pour cet âge particulièrement, il faut de la clarté et de la simplicité.

L'enfant ne saisit guère que le côté sensible des choses; il apprend vite à connaître les signes, il retient facilement les mots.

Il faut donc que l'élève apprenne les faits d'une manière simple et méthodique; il ne peut tout dire, mais il doit préparer l'avenir. L'étude pratique de la musique doit accompagner ces premières notions, succinctes, mais générales.

L'élève ainsi préparé à un enseignement substantiel, entreprendra avec succès une étude approfondie de la langue musicale qu'il commence à parler. Cette étude que nous pourrions appeler grammaticale, trouvera plus tard son complément dans l'analyse raisonnée des chefs-d'œuvre de l'art. Alors, homme de goût, musicien instruit et éclairé, il possédera quelque chose de plus et de mieux que cette dextérité toute mécanique, qui ne s'acquiert et ne se conserve que par un labeur incessant. Notre plan est tout à fait simple. Pour ne pas entraver la marche régulière de l'enseignement, nous avons donné des éclaircissements sur des faits qui se rattachent soit aux origines, soit à la partie scientifique de l'art, et qu'il importe à un musicien de ne pas ignorer.

Nous n'avons pas trouvé nécessaire de joindre à notre ouvrage des leçons de solfége, car il est plus avantageux pour l'élève que le professeur écrive lui-même la leçon afin de l'approprier à son aptitude. Il est nécessaire que les leçons soient le moins chantantes possible, et que pour chaque élève on ait une série différente. Ce procédé est prouvé convenable par notre expérience de vingt-cinq ans dans l'enseignement de la musique.

Plus d'une fois nous avons remarqué, en nous servant des leçons écrites dans les solféges, que les élèves d'une classe inférieure savaient parfaitement chanter les leçons de la classe supérieure, pour les avoir simplement entendues.

Quand un élève n'a pas à répéter, *invitâ Minervâ,* les leçons qu'il a entendu chanter, mais à chanter lui-même des leçons qui lui sont nouvelles, il ne peut que faire des progrès *réels* dans le cours de ses études.

Les auteurs de ce petit ouvrage, originaires d'Haïti, comme on doit le reconnaître, n'ont nullement l'intention d'offrir du nouveau, mais seulement de prouver que les principes de la musique sont si bien établis, qu'on ne saurait fredonner aucun air sans pouvoir correctement l'écrire. La *Méringue,* musique d'Haïti et des colonies espagnoles, n'est méprisée que par les musiciens qui n'ont pas suffisamment de théorie pour la comprendre. Tous les musiciens savent que les triolets et les sextolets sont des groupes de trois, de six notes, etc., qui s'exécutent par deux, par quatre notes de la même valeur, et de telle sorte qu'aucune d'elles n'ait plus de durée qu'une autre. Il y a dans la musique de *Méringue,* non-seulement des triolets et des sextolets, mais aussi des quintolets qu'on ne trouve que dans la musique de ce genre.

Nous avons donné dans notre ouvrage beaucoup d'exemples sur les quintolets que le lecteur est prié d'examiner et d'approfondir.

PETITE

GRAMMAIRE MUSICALE

PREMIÈRE PARTIE

PREMIÈRES NOTIONS DE MUSIQUE

PREMIÈRE LEÇON

De la musique, des sons, des instruments, de la portée.

D. Qu'est-ce que la musique?

R. C'est l'art de combiner les sons.

D. Comment les sons se produisent-ils?

R. Par la voix ou par des instruments.

D. Combien y a-t-il de sortes d'instruments?

R. Il y en a trois.

D. Nommez-les.

R. Les instruments à vent, les instruments à cordes et les instruments à percussion.

D. Donnez quelques exemples de ces instruments.

R. La flûte, la clarinette, sont des instruments à vent; la guitare, le violon, le violoncelle, sont des instruments à cordes; la grosse caisse, les timbales, les cymbales sont des instruments à percussion.

Le piano est un instrument à cordes dont le son se produit par la percussion.

L'orgue est un instrument à vent.

D. Qu'est-ce que la portée?

R. La portée est l'ensemble de cinq lignes tracées horizontalement, sur laquelle on écrit la musique.

D. Comment compte-t-on les lignes de la portée?

R. De bas en haut.

Exemple :

D. Que renferme la portée ?

R. Cinq lignes et quatre interlignes qui se comptent comme les lignes, de bas en haut.

Exemple :

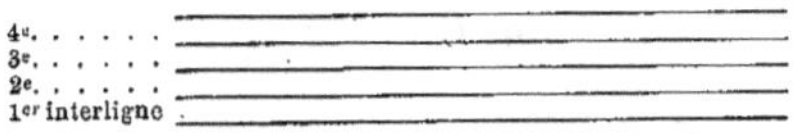

D. Ces cinq lignes suffisent-elles pour écrire la musique ?

R. Non; on en a ajouté d'autres au-dessus et au-dessous, qu'on appelle lignes supplémentaires.

Exemple :

DEUXIÈME LEÇON

Des notes. — Échelle ou gamme diatonique.

D. Par quoi représente-t-on les sons ?
R. Par des caractères appelés notes.
D. Combien y a-t-il de notes ?
R. Il y en a sept : *do, ré, mi, fa, sol, la, si.*
D. Comment écrit-on les notes ?
R. Sur les lignes et dans les interlignes de la portée.
D. Qu'appelle-t-on gamme ?
R. C'est la succession des sept sons, auxquels on ajoute la réplique du premier.

Exemple :

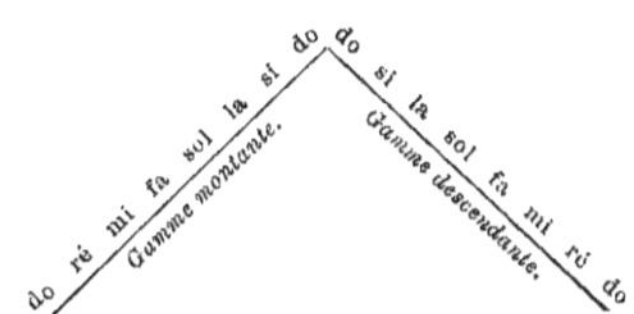

TROISIÈME LEÇON

Des clefs.

D. Qu'appelle-t-on clef?

R. C'est un signe que l'on met au commencement de la portée, pour déterminer les noms des notes.

D. Combien y a-t-il de clefs?

R. Il y en a trois, savoir : la clef de *sol,* la clef de *fa* et la clef d'*ut.*

D. Pourquoi a-t-on plusieurs clefs?

R. C'est pour indiquer le diapason des sons.

D. Nommez ces différents diapasons.

R. Les sons aigus, les sons graves et les sons intermédiaires.

D. Expliquez les différentes clefs.

R. La clef de *sol* indique les sons aigus, la clef de *fa* les sons graves, et la clef d'*ut* les sons intermédiaires.

D. Ces différents diapasons n'ont-ils pas une dénomination propre?

R. Oui : les sons aigus se nomment soprano, ténor; les sons graves baryton, basse et contrebasse, et les sons intermédiaires, alto et contralto.

D. Tracez la portée générale, et qu'est-ce que c'est que cette portée?

R. La portée générale, se composant d'une portée supérieure portant la clef de *sol,* et d'une portée inférieure portant la clef de *fa,* les deux coupées par une ligne intermédiaire portant la clef d'*ut,* est une portée de onze lignes sur laquelle sont établis les différents diapasons des sons.

La voici :

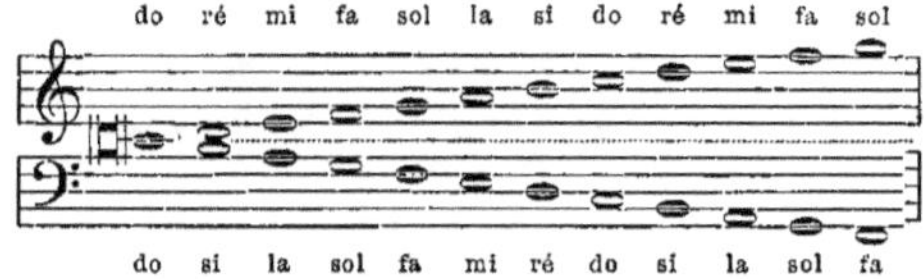

D. Sur quelle ligne pose-t-on la clef de *sol?*

R. Sur la deuxième ligne et très-rarement sur la première.

D. Sur quelle ligne met-on la clef de *fa?*

R. Sur la quatrième ligne, quelquefois sur la troisième.

D. Sur quelle ligne met-on la clef d'*ut?*

R. Sur la première, deuxième, troisième et quatrième ligne. Ces différentes clefs servent surtout pour la transposition ou pour écrire pour certaines voix ou certains instruments.

Exemples :

Clef de *sol.*

Clef d'*ut.*

Clef de *fa.*

D. Quel est l'effet d'une clef sur une ligne?

R. Elle donne son nom à la ligne sur laquelle elle est placée.

QUATRIÈME LEÇON

Signes de durée. — Valeur des notes.

D. Comment fait-on pour indiquer la durée des notes ?

R. Pour indiquer la durée des notes, on en varie la figure.

D. Quelles sont les diverses figures des notes ?

R. Ce sont : la ronde ◓, la blanche ◓, la noire ♩, la croche ♪, la double croche ♬, la triple croche ♬ et la quadruple croche ♬.

D. Quel est le rapport qui existe entre ces figures de notes ?

R. Chaque figure de note vaut le double de celle qui la suit immédiatement.

D. Que s'ensuit-il de ce principe ?

R. Que la ronde vaut deux blanches, la blanche deux noires, la noire deux croches, ainsi de suite.

D. Que vaut la noire vis-à-vis de la ronde ?

R. Elle vaut le quart de la ronde.

CINQUIÈME LEÇON

Silences.

D. Qu'appelle-t-on silence ?

R. C'est un signe qui indique que l'on doit se taire ou s'interrompre momenta-
nément en chantant ou en jouant, sans cependant discontinuer la mesure.

D. Y a-t-il pour chaque valeur de *note*, une valeur de silence correspondante ?

R. Oui.

D. Combien y a-t-il donc de silences ?

R. Il y en a sept.

D. Nommez-les.

R. La pause ▭ est égale à la ronde et est placée au-dessous de la ligne.

La demi-pause ▭ est égale à la blanche et est placée au-dessus de la ligne.

Le soupir ϟ est égal à la noire et a la tête à droite.

Le demi-soupir ɣ est égal à la croche et a la tête à gauche.

Le quart de soupir ɰ est égal à la double croche.

Le huitième de soupir ɰ est égal à la triple croche.

Le seizième de soupir ɰ est égal à la quadruple croche.

Remarque. — Il est mieux de dire que la pause est le silence d'une mesure, car
elle vaut une ronde quand la mesure est composée d'une ronde ; elle vaut une
blanche quand la mesure est d'une blanche, et vaut une blanche et une noire quand
la mesure est d'une blanche et d'une noire ou de trois noires....

SIXIÈME LEÇON

Points d'augmentation. — Liaison.

D. Quel est l'effet du point après une note?

R. Il augmente la note de la moitié de sa valeur.

D. Que vaut la ronde pointée?

R. La ronde pointée vaut trois blanches ou six noires, ou douze croches, etc.

D. Que vaut la blanche pointée?

R. La blanche pointée vaut trois noires, six croches, etc., etc.

D. Le point d'augmentation se met-il aussi après les silences?

R. Le point d'augmentation se met après les silences et il les augmente, comme les notes, de la moitié de leur valeur.

D. Peut-on mettre plus d'un point après les notes ou après les silences?

R. Une note ou un silence peut être suivi de plus d'un point; alors le dernier point vaut la moitié de celui qui le précède.

D. Quel est donc l'effet de deux points après une note?

R. Le premier point augmente la note de la moitié de sa valeur, le second point augmente le premier de la moitié de sa valeur; il résulte que les deux points augmentent la note des trois quarts de sa valeur.

D. Qu'est-ce que la liaison?

R. La liaison est un signe qui sert à réunir deux ou plusieurs notes.

Elle indique donc que l'on doit soutenir le son de la première note et le prolonger sans répéter toutes celles qui sont liées avec elle.

Exemple:

SEPTIÈME LEÇON

Des intervalles.

D. Qu'est-ce qu'un intervalle ?

R. C'est la distance d'un son à un autre.

D. Combien y en a-t-il ?

R. Il y en a sept : la seconde, la tierce, la quarte, la quinte, la sixte, la septième et l'octave.

D. Indiquez le nombre de degrés de chaque intervalle ?

R. L'intervalle de seconde a deux degrés ; la tierce a trois degrés ; la quarte, quatre degrés ; la quinte, cinq degrés ; la sixte, six degrés ; la septième, sept degrés, et l'octave, huit degrés.

Remarque. — L'octave étant la répétition de la première note, on peut en montant établir une seconde gamme et arriver à une seconde réplique et ainsi de suite jusqu'au diapason le plus élevé.

D. Combien y a-t-il de sortes d'intervalles ?

R. Il y a deux sortes d'intervalles : les intervalles simples et les intervalles composés ou redoublés ; les intervalles simples sont ceux qui sont renfermés dans l'octave et les composés ceux qui dépassent l'*octave*. Les intervalles de 9e, 10e, 11e, etc... sont composés puisqu'ils dépassent l'octave.

HUITIÈME LEÇON

Des barres de mesures. — Des mesures les plus usitées.

D. Qu'appelle-t-on barres de mesures?

R. Des lignes verticales tracées sur la portée et qui renferment la valeur des temps de la mesure.

D. De quelle manière indique-t-on la valeur de la mesure?

R. Par un signe ou un chiffre que l'on place au commencement de la portée.

D. Quelles sont les mesures les plus usitées?

R. Ce sont : la mesure à quatre temps, la mesure à trois temps et la mesure à deux temps.

D. Comment indique-t-on la mesure à quatre temps et de quoi se compose-t-elle ?

R. La mesure à quatre temps s'indique par un **C** ou par un **4** et se compose d'une ronde ou de la valeur d'une ronde.

Exemple :

D. Et la mesure à trois temps ?

R. La mesure à trois temps s'indique par un **3** ou $\frac{3}{4}$ et se compose d'une blanche pointée ou de la valeur de la blanche pointée.

D. Expliquez la mesure à deux temps.

R. La mesure à deux temps s'indique par un **2** ou **₵** ou par $\frac{2}{4}$ et se compose d'une blanche ou de la valeur de la blanche.

Remarque. — La mesure indiquée par **₵** est aussi à deux temps, mais se compose d'une ronde ou de la valeur de la ronde.

Exemples :

D. Comment appelle-t-on ces mesures?

R. On les appelle mesures simples.

D. Qu'appelle-t-on mesures composées?

R. Les mesures composées sont les dérivés des mesures simples.

D. Quelles sont-elles ?

R. Ce sont la mesure à $\frac{12}{8}$, dérivée de la mesure à quatre temps; la mesure à $\frac{9}{8}$, dérivée de la mesure à trois temps, et la mesure à $\frac{6}{8}$, dérivée de la mesure à deux temps.

D. Qu'entend-on par battre la mesure ?

R. On entend par battre la mesure, marquer la durée par des temps égaux avec la main en même temps que l'on chante les notes.

D. Comment bat-on la mesure à quatre temps?

R. Elle se bat, le premier temps en frappant, le second à gauche, le troisième à droite et le quatrième en levant.

Exemple :

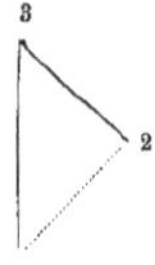

D. Comment se bat la mesure à trois temps?

R. La mesure à trois temps se bat, le premier temps en frappant, le second à droite et le troisième en levant.

Exemple :

D. Comment se bat la mesure à deux temps?

R. La mesure à deux temps se bat, le premier temps en frappant et le second en levant.

Exemple :

Remarque. — La mesure à $\frac{3}{8}$ se bat comme la mesure à $\frac{3}{4}$ et est une mesure simple par conséquent.

D. Comment se battent les mesures composées?

R. Les mesures composées se battent comme les mesures simples dont elles dérivent ; mais chaque temps de la mesure composée est divisé en trois temps secondaires.

D. Donnez des exemples.

R. La mesure à douze-huit $\frac{12}{8}$ se bat ainsi :

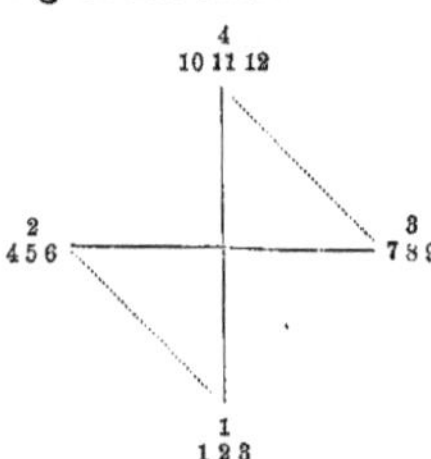

La mesure à $\frac{9}{8}$ se bat :

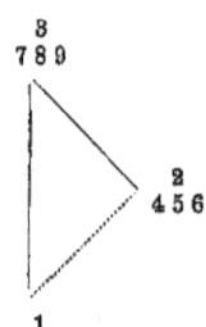

La mesure à $\frac{6}{8}$ se bat :

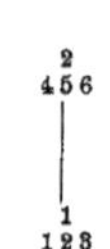

D. Pouvez-vous dire la différence qui existe entre les mesures simples et les mesures composées ?

R. Les mesures simples ont leurs temps à mouvements binaires et les mesures composées à mouvements ternaires.

Exemples :

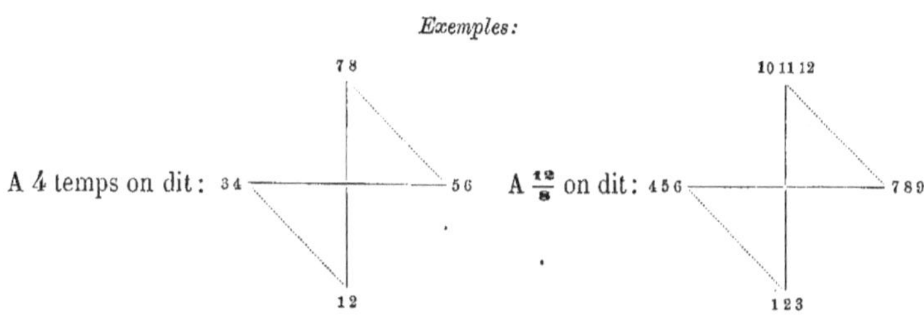

Remarque. — Il y a dans les mesures des temps forts et des temps faibles.

Dans la mesure à quatre temps, le premier temps est fort, le deuxième faible ; le troisième demi-fort et le quatrième faible.

Dans la mesure à trois temps, le premier temps est fort et les deux autres faibles.

Dans la mesure à deux temps, le premier temps est fort et le second faible.

NEUVIÈME LEÇON

Du triolet, du quintolet, etc.

D. Qu'est-ce que le triolet?

R. Le triolet est la division ternaire d'une valeur simple et doit être fait dans le temps que dureraient deux notes ordinaires de même figure que celles du triolet.

D. Comment indique-t-on le triolet?

R. En plaçant le chiffre trois au-dessus du groupe en triolet pour le faire reconnaître.

D. N'y a-t-il pas aussi des groupes de plus de trois notes?

R. Il y a aussi des groupes de cinq, de six, de sept, de neuf, de onze notes qu'on exécute sans rien changer à la forme de la mesure.

D. Ces différents groupes peuvent-ils tous s'exécuter comme étant les multiples du triolet?

R. Non, le sextolet ou groupe de six notes s'exécute seul comme deux triolets, mais les groupes de sept, de neuf, de onze notes, etc., qui ne sont que des notes d'embellissement, s'exécutent le plus souvent *ad libitum*.

Le quintolet, qu'on ne trouve que dans la musique de Méringue, s'exécute régulièrement comme les triolets, en observant une même valeur aux cinq croches pour deux temps, qu'aux trois croches du triolet pour un temps.

Exemple :

Les mesures où se trouvent les noires pointées s'exécutent comme suit :

Les cinq croches de la mesure se remplacent quelquefois, et suivant le goût, par un groupe de trois croches et de deux doubles croches, écrit de cette manière :

Dans ce cas on donne à chaque note sa valeur réelle.

Remarque. — On a aussi dans la mesure à deux temps des mesures dans lesquelles il entre trois noires qui s'exécutent sans rien changer au mouvement.

Exemple :

DIXIÈME LEÇON

De la syncope. — Du ton et du demi-ton

D. Qu'est-ce qu'une syncope?

R. C'est une note coupée par le temps ou par la mesure.

D. Comment reconnaît-on généralement les notes syncopées?

R. Les notes syncopées sont celles qui sont placées entre deux notes de la moitié de leur valeur.

Exemple:

D. Qu'est-ce qu'un ton?

R. C'est la distance qui existe entre une note et celle qui la suit dans une gamme montante ou descendante, et formant une seconde majeure.

D. Y a-t-il des intervalles plus petits qu'un ton?

R. Il y a des intervalles d'un demi-ton.

D. Pouvez-vous nous donner des explications sur les intervalles?

R. Il y a naturellement un demi-ton entre le *mi* et le *fa* et entre le *si* et le *do,* et tous les autres intervalles sont d'un ton.

N.B. — Les intervalles de seconde se nomment degrés conjoints et les autres intervalles degrés disjoints.

D. Qu'est ce que le comma?

R. Le comma est la 9e partie du ton.

ONZIÈME LEÇON

Des signes d'altération.

D. Quels sont les signes d'altération?

R. Les signes d'altération sont le dièse ♯, le bémol ♭, le double dièse ×, le double bémol ♭♭, et le bécarre ♮.

D. A quoi sert le dièse?

R. A hausser la note d'un demi-ton.

D. A quoi sert le bémol?

R. A baisser la note d'un demi-ton.

D. A quoi sert le double dièse?

R. A hausser la note d'un ton.

D. A quoi sert le double bémol?

R. A baisser la note d'un ton.

D. A quoi sert le bécarre?

R. A remettre la note diésée ou bémolisée à son ton naturel.

D. Comment se posent les dièses?

R. De quinte en quinte en montant, en commençant par *fa*.

D. Comment se posent les bémols?

R. De quarte en quarte en montant, en commençant par le *si*.

D. Désignez ces positions.

R. Les dièses se posent ainsi :

fa, ut, sol, ré, la, mi, si.

Et les bémols de cette manière :

si, mi, la, ré, sol, do, fa.

D. Où pose-t-on les dièses et les bémols?

R. On les pose au commencement de la portée, immédiatement après la clef, et quelquefois dans le courant du morceau de musique.

D. Quand les dièses et les bémols sont placés à la clef, quel est leur effet?

R. Ils altèrent, pendant toute la durée du morceau, les notes sur les lignes desquelles ils sont posés, à moins qu'elles ne soient remises dans leur ton naturel par un bécarre.

D. Quel est l'effet du dièse et du bémol quand ils sont posés accidentellement devant une note?

R. Ils ne changent l'intonation de la note que pendant l'espace d'une mesure. Cependant si la note diésée ou bémolisée se trouve liée à une même note de la mesure suivante, le signe d'altération porte son effet jusque sur la note liée.

Exemple :

DOUZIÈME LEÇON

Des gammes.

D. Qu'entend-on par ton de la gamme ?

R. C'est la note principale sur laquelle est établie la gamme.

D. Qu'entend-on par mode majeur ?

R. C'est une gamme où les demi-tons sont placés entre le troisième et le quatrième degré, et entre le septième et le huitième.

Gamme majeure :

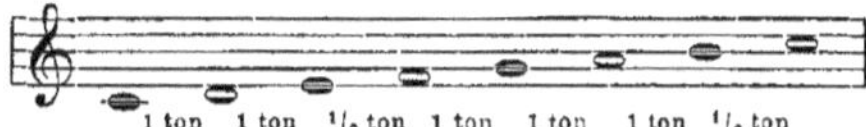

D. Qu'est-ce qu'une gamme mineure ?

R. C'est celle dont les demi-tons se trouvent entre le deuxième et le troisième et entre le septième et le huitième degré.

Gamme mineure :

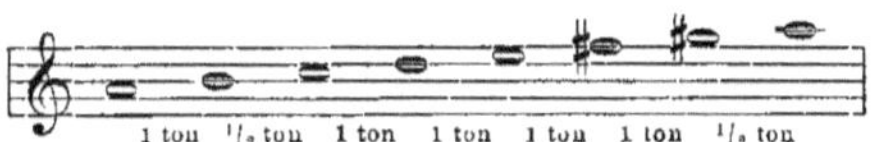

D. Pourquoi met-on le dièse devant le *fa* dans la gamme mineure (sixième degré pour mieux s'exprimer) ?

R. C'est pour éviter dans la gamme un intervalle de plus d'un ton ; attendu que de *fa* naturel à *sol* ♯ on a un ton et un demi-ton.

D. Faites la gamme descendante mineure.

R.

D. Quel nom donne-t-on à ces gammes majeures et mineures ?

R. On les appelle gammes diatoniques.

D. Que signifie diatonique?

R. Qui procède par tons et par demi-tons.

D. Chaque note de la gamme peut-elle être une note principale d'une gamme?

R. Oui, mais on doit toujours, en employant les altérations, avoir les demi-tons du troisième au quatrième degré pour la gamme majeure et du deuxième au troisième pour la gamme mineure.

Exemples :

En prenant *ré* pour note principale, j'aurai :

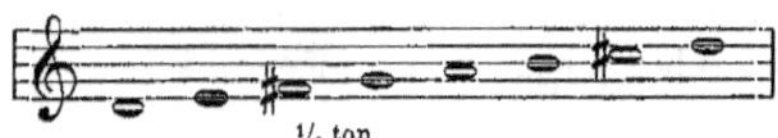

Le même *ré* pour la gamme mineure, j'aurai :

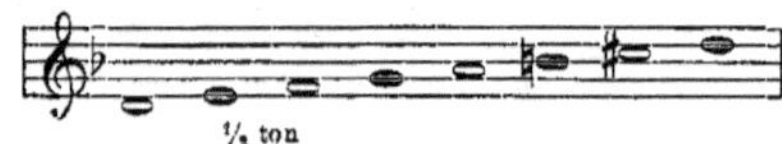

D. Comment appelle-t-on les degrés de la gamme?

R. Le premier degré se nomme tonique, le second sus-tonique, le troisième médiante, le quatrième sous-dominante, le cinquième dominante, le sixième sus-dominante, le septième la sensible, et le huitième octave.

D. Qu'appelle-t-on gamme chromatique?

R. Celle qui n'est composée que de demi-tons.

Gamme chromatique avec des dièses.

Gamme chromatique avec des bémols.

TREIZIÈME LEÇON

De la manière de connaître dans quel ton est un morceau de musique.

D. Comment reconnaît-on le ton majeur avec des dièses ?

R. En prenant un degré au-dessus du dernier dièse posé à la clef, ce dernier dièse étant la sensible du ton.

D. Comment reconnaît-on le ton majeur avec des bémols ?

R. Quand il y a plus d'un bémol à la clef, on prend la note de l'avant-dernier bémol pour le ton majeur ; sachant toutefois qu'avec un bémol à la clef, on est en *fa* majeur.

D. Chaque ton majeur a-t-il son relatif mineur ?

R. Oui.

D. Comment trouve-t-on le relatif mineur d'un ton ?

R. En prenant deux degrés au-dessous du ton majeur, c'est-à-dire à une tierce mineure au-dessous.

D. Dans quel ton est-on quand il n'y a ni dièse ni bémol à la clef ?

R. On est en *ut* majeur ou en *la* mineur.

Remarque. — C'est à tort que le célèbre Ad. Le Carpentier n'admet, pas comme beaucoup d'autres, que la note sensible dans les tons mineurs est toujours une note accidentellement altérée ; car dans tous les tons mineurs la note sensible n'a jamais été une note naturelle au ton, mais bien une note altérée soit par un dièse, un double dièse ou un bécarre.

Nous comprenons bien que les anciens se trompaient quand ils disaient que lorsque la quinte est altérée dans les premières mesures, le ton est mineur, car la quinte peut être altérée, et on peut être toujours au mode majeur. Alors cette quinte altérée n'est qu'une note de passage et non une note réelle de la mélodie.

Exemple :

Autre remarque. — Quand la quinte altérée est au temps fort ou demi-fort de la mesure, elle ne peut être qu'une note réelle ; par conséquent c'est la sensible du ton mineur.

Exemple :

D. Quel est le caractère particulier des tons majeurs et mineurs ?

R. Le ton majeur a deux tons du premier au troisième degré, et le ton mineur un ton et demi dans cet intervalle.

QUATORZIÈME LEÇON

Des mouvements. — Des nuances. — De quelques mots et signes accessoires.

D. Qu'est-ce que le mouvement ?

R. C'est le degré de lenteur ou de vitesse que l'on donne à la mesure.

D. Comment indique-t-on les mouvements ?

R. Par des mots italiens placés au commencement du morceau.

MOUVEMENTS :

Mots italiens.		Significations.
Grave		Grave.
Largo . . . . Large.		
Adagio. . . . . Lent.	}	Lent.
Cantabile . . . . . Chanter clairement. .		
Sostenuto		Soutenu.
Maestoso		Majestueux.
Moderato.		Modéré.
Larghetto		
Andante		Différentes nuances de
Andantino	}	mouvements modérés
Gracioso.		et gracieux.
Cantabile		
Allegretto		
Tempo di marcia		Mouvement de marche.
Simplice.		Simplement.
Scherzando		En badinant.
Allegro		Gai, un peu vif.
Risoluto		Résolu.
Presto.		Vif.
Prestissimo		Très-vif.

Ces mouvements sont quelquefois modifiés par les mots :

Poco a poco.		Peu à peu.
Un poco		Un peu.
Molto ou *assai*		Beaucoup.
Non troppo.		Pas trop.
Più		Plus.

D. Qu'entend-on par nuances ?

R. Les nuances sont les différentes modifications de force ou de douceur que l'on donne aux sons.

D. Comment marque-t-on les nuances ?

R. Par des mots italiens que l'on écrit presque toujours par abréviation et qui se placent dans le courant du morceau.

TERMES DE NUANCES.

Mots italiens.	Abréviations.	Significations.
Piano ou *dolce*	*P.* ou *dol.*	Doux.
Pianissimo.	*PP.*	Très-doux.
Forte	*F.*	Fort.
Fortissimo	*FF.*	Très-fort.
Mezzo forte.	*Mf* ou *mez. f.*	Demi-fort.
Sforzando ou *Rinforzando*	*Sf.* ou *Rinf.*	En renforçant le son subitement.
Crescendo	ou *cres.*	En augmentant le son peu à peu.
Decrescendo	*decres.* ou *dim.*	En diminuant le son peu à peu
Espressivo	*espress.*	Avec expression.
Sempre		Toujours.
Fine		Fin.
In tempo.		Reprendre le mouvement.
Da Capo.	*D. C.*	Reprendre au commencement.
Ad libitum.	*ad lib.*	A volonté.

DE QUELQUES SIGNES ACCESSOIRES.

Le renvoi 𝄋 indique qu'il faut recommencer à l'endroit où il est placé.

Les barres de terminaison se mettent à la fin du morceau.

Deux barres dans le courant du morceau s'appellent reprises ou barres de séparation.

L'accolade sert à réunir les portées et à les subordonner l'une à l'autre.

D. Qu'est-ce que le point d'arrêt ou point d'orgue ⌒ ?

R. Le point d'orgue ⌒ placé au-dessus d'une note ou d'un silence indique que la note ou le silence doivent être tenus un peu plus de temps que l'indique leur valeur ; la mesure pendant ce temps reste suspendue, et recommence immédiatement sur la note qui suit le point d'arrêt.

QUINZIÈME LEÇON

Des petites notes ou notes d'agrément, et du trille.

D. Qu'appelle-t-on notes d'agrément ou petites notes ?

R. Ce sont des notes qui n'ont pas de valeur réelle dans la mesure et qui sont écrites en petits caractères.

D. Quelle est l'utilité des petites notes ?

R. Les petites notes servent à orner la mélodie.

D. Combien y a-t-il d'espèces de petites notes ?

R. Il y en a quatre, savoir : l'appoggiature, la petite note simple, les demi-groupes et les groupes.

D. Qu'est-ce que l'appoggiature ?

R. C'est une petite note qui se met au-dessus ou au-dessous des notes réelles de la mélodie et à laquelle on donne la moitié de la valeur de la note qu'elle précède.

D. Qu'est-ce qu'une petite note simple ?

R. C'est une petite note qui se met, comme l'appoggiature, au-dessus ou au-dessous des notes réelles de la mélodie, mais qui s'exécute rapidement.

D. Qu'est-ce qu'un demi-groupe?

R. Le demi-groupe est formé de deux petites notes qu'on exécute très-rapidement.

D. Qu'est-ce qu'un groupe ?

R. Un groupe est formé de trois ou de quatre petites notes qui s'exécutent rapidement.

D. N'y a-t-il pas un moyen abrégé d'indiquer les groupes ?

R. Quelquefois le groupe est indiqué par un signe de convention dont voici la forme ∾ ; lorsque l'avant-dernière note du groupe doit être altérée, on l'indique ainsi ; quand c'est la deuxième note qui doit être bémolisée, on l'indique de cette manière .

D. Qu'est-ce qu'un trille ?

R. Un trille est composé de deux notes placées à distance de seconde que l'on répète alternativement avec rapidité.

Exemple :

Le trille s'appelle aussi cadence.

LEÇON POUR APPRENDRE A BIEN DISTINGUER LA VALEUR DES NOTES ET LEUR POSITION DANS LA PORTÉE.

D. Indiquez la durée de chaque figure de note.

R. La ronde ⌬ a quatre temps. — La blanche ⲡ a deux temps. — La noire ♩ a un temps. — La croche ♪ a un demi-temps, etc.

D. Indiquez la position des notes dans la portée avec la clef de sol.

R. Première ligne *mi*. — Deuxième ligne *sol*. — Troisième ligne *si*. — Quatrième ligne *ré*. — Cinquième ligne *fa*.

Premier espace *fa*. — Deuxième espace *la*. — Troisième espace *do*. — Quatrième espace *mi*.

DEUXIÈME PARTIE

ARTICLE PREMIER

De la musique en général.

D. Nous avons dit que la musique est l'art de la combinaison des sons. De combien de manières peut-on les combiner?

R. Les sons se combinent de deux manières : par la mélodie et par l'harmonie.

D. Qu'est-ce que la mélodie?

R. La mélodie est la combinaison des sons entendus à la suite les uns des autres, de manière à former un sens complet.

Exemple :

D. Qu'est-ce que l'harmonie?

R. L'harmonie est la combinaison des sons entendus simultanément, de manière à former un accord entre eux.

Exemple :

La mélodie et l'harmonie sont donc deux parties constitutives de la musique.

ARTICLE DEUXIÈME

Du nom des notes et de la gamme.

D. Les notes de la gamme ont-elles toujours été appelées *ut, ré, mi, fa, sol, la, si?*

R. Non ; les anciens se servaient primitivement des noms des lettres de l'alphabet A, B, C, D, E, F, G.

D. A quels noms de notes ces noms de lettres correspondent-ils ?

R. A correspond au *la ;*

    B   —   au *si ;*

    C   —   à l'*ut ;*

    D   —   au *ré ;*

    E   —   au *mi ;*

    F   —   au *fa ;*

    G   —   au *sol.*

D. Qui est-ce qui a substitué à l'usage des lettres les noms des notes usitées de nos jours ?

R. Un moine italien, appelé Gui ou Guido d'Arezzo, au commencement du XIᵉ siècle.

D. Connaissez-vous l'origine des noms des notes de la gamme ?

R. Gui d'Arezzo prit la première syllabe de six vers latins d'une hymne de saint Jean-Baptiste, d'où il tira les noms des notes jusqu'au *la*. Le nom de la note *si* ne fut en usage que plus tard. Voici le texte de la première strophe de cette hymne :

> *UT queant laxis*
> *REsonare fibris*
> *MIra gestorum*
> *FAmuli tuorum,*
> *SOLve polluti*
> *LAbii reatum.*

En solfiant on remplace *ut* par *do,* parce que cette syllabe est d'une prononciation plus facile en chantant et fait mieux sortir la voix, etc.

ARTICLE TROISIÈME

Des intervalles. — Leurs différentes qualifications.

D. Les intervalles peuvent-ils se présenter sous plusieurs aspects?

R. Oui ; chaque nouvel aspect donné à un intervalle est qualifié dénomination particulière.

D. Sous combien d'aspects la seconde peut-elle se présenter ?

R. Sous trois aspects, savoir : Seconde mineure, un demi-ton. — Seconde majeure, un ton. — Seconde augmentée, un ton et demi.

D. La tierce n'a-t-elle pas aussi différents aspects ?

R. Oui ; la tierce diminuée, deux demi-tons. — La tierce mineure, un ton et un demi-ton. — La tierce majeure, deux tons. — La tierce augmentée, deux tons et un demi-ton.

D. Parlez-nous des autres intervalles.

R. La quarte a trois aspects : quarte diminuée, quarte juste et quarte augmentée du triton.

La quinte en a trois : la quinte diminuée, quinte juste et quinte augmentée.

La sixte en a quatre : la sixte diminuée, la sixte mineure, la sixte majeure et la sixte augmentée.

La septième se représente sous trois formes : la septième diminuée, la septième mineure et la septième majeure.

L'octave juste se compose de cinq tons et de deux demi-tons.

On emploie quelquefois l'octave diminuée et l'octave augmentée, la première a quatre tons et trois demi-tons, et la seconde six tons et un demi-ton.

D. Les intervalles ne peuvent-ils pas se renverser et comment se renversent-ils ?

R. Pour renverser un intervalle on transporte la note inférieure de l'intervalle à l'octave supérieure.

Exemple :

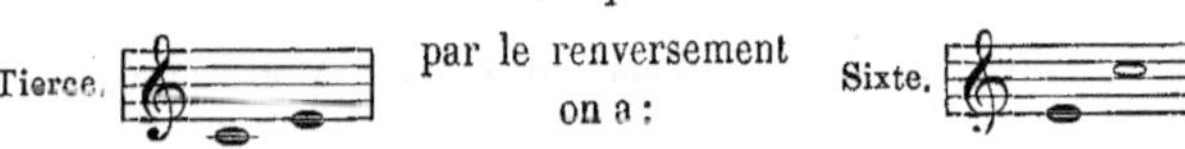

D. Quel est en général l'effet du renversement ?

R. L'intervalle renversé produit un intervalle tel qu'en l'ajoutant au premier on ait le nombre neuf.

Ainsi la seconde renversée donne une septième (7 et 2 font 9).

La quarte renversée donne la quinte (4 et 5 font 9), etc.

D. Qu'a-t-on encore à constater dans les renversements des intervalles ?

R. Il y a à constater que les diminués renversés donnent des augmentés et les augmentés des diminués.

D. Que donne la quinte diminuée renversée ?

R. Elle donne la quarte augmentée.

D. Comment augmente-t-on un invervalle ?

R. On augmente un intervalle en haussant la note supérieure ou en baissant la note inférieure, quand l'intervalle est majeur ou juste.

D. Comment diminue-t-on un intervalle ?

R. On diminue un intervalle en baissant la note supérieure ou en haussant la note inférieure, quand l'intervalle est mineur ou juste.

D. Donnez quelques exemples sur les renversements des intervalles et sur leurs différentes altérations.

La quarte augmentée par exemple :

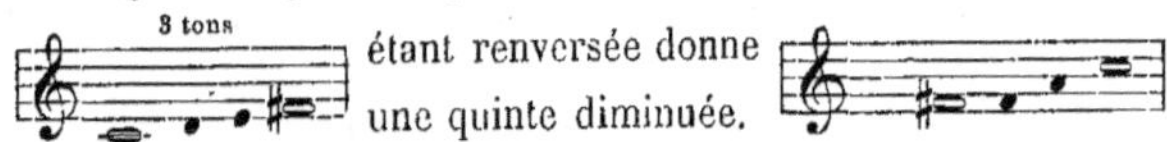

La septième diminuée :

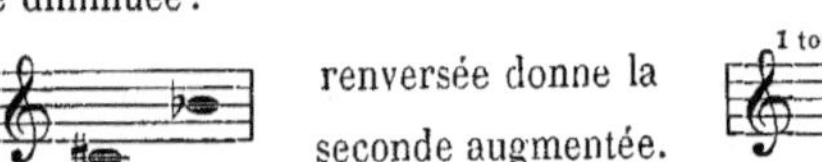

Remarque. — Quand les intervalles dépassent l'octave, ils prennent alors les noms de 9e, 10e, 11e, 12e, 13e, 14e, 15e, ou double octave. Toutefois ces extensions ne sont que les répliques des sept intervalles contenus dans la gamme.

ARTICLE QUATRIÈME

Des genres : diatonique, chromatique et enharmonique.

D. Qu'est-ce que le genre diatonique ?

R. C'est celui qui procède par tons et demi-tons comme les gammes diatoniques, majeures et mineures.

D. Qu'est-ce que le genre chromatique ?

R. C'est celui qui procède seulement par demi-tons.

D. Qu'est-ce qu'un demi-ton diatonique ?

R. Le demi-ton diatonique est celui qui existe entre deux notes dont les noms sont différents. Comme *si, do, ré, mi* ♭.

Exemple :

D. Qu'est-ce qu'un demi-ton chromatique ?

R. Le demi-ton chromatique est celui qui existe entre deux notes ayant le même nom comme *ut, ut* dièse, etc.

Exemple :

D. Le demi-ton diatonique et le demi-ton chromatique n'ont-ils pas une autre dénomination ?

R. Le demi-ton diatonique se nomme demi-ton majeur et le demi-ton chromatique demi-ton mineur.

D. Qu'est-ce que le genre enharmonique ?

R. Le genre enharmonique consiste à faire entendre deux notes qui, sur le clavier, et par le son, sont les mêmes, et cependant ont des noms différents. Comme *do* ♯ et *ré* ♭.

Unisson. 

D. Peut-on écrire indifféremment une note ou son enharmonique sans faire une faute grave?

R. Non, et je vais le prouver :

La note sensible dans tous les tons et dans tous les modes se trouve à une seconde mineure au-dessous de la tonique, et par conséquent au septième degré de la gamme.

Prenant pour exemple le ton de *ré* majeur dont la note sensible est *do* ♯, peut-on à la place du *do* ♯ écrire un *ré* ♭? Non, parce que la gamme de *ré* s'écrit ainsi :

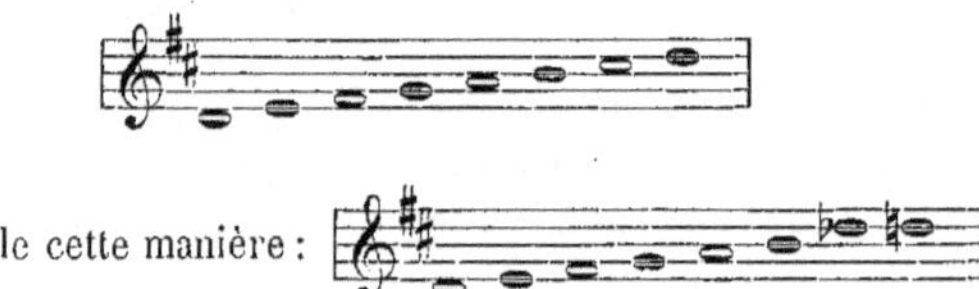

et non de cette manière :

attendu que dans cette dernière gamme on n'aurait pas de septième degré.

Nota. Il est à notre connaissance qu'un certain compositeur a, en lieu et place d'un *do* ♮, employé le *ré* ♭♭. Le morceau était en *sol* ♭ majeur, et pour arriver par transition à un repos sur la quinte, au lieu d'altérer son *do* par le bécarre, il a employé le *ré* ♭♭.

Le repos sur la quinte, que les harmonistes appellent transition, s'opère toujours par l'altération de la sous-dominante et jamais différemment.

ARTICLE CINQUIÈME

Des accords.

D. Quels sont les accords principaux?

R. Ce sont les accords de la tonique, de la sous-dominante et de la septième dominante.

Exemple :

Dans le traité d'harmonie on aura des détails sur tous les accords qui existent.

Il y a une infinité d'accords qui ne sont que les mêmes et qui semblent changer de caractère, étant employés dans les transitions et dans les modulations. Il faut ajouter à ces accords la septième diminuée qui n'est qu'une variation de la sous-dominante.

NANCY, IMPRIMERIE BERGER-LEVRAULT ET Cⁱᵉ.